BEI GRIN MACHT SICH IHR WISSEN BEZAHLT

- Wir veröffentlichen Ihre Hausarbeit, Bachelor- und Masterarbeit

- Ihr eigenes eBook und Buch - weltweit in allen wichtigen Shops

- Verdienen Sie an jedem Verkauf

Jetzt bei www.GRIN.com hochladen und kostenlos publizieren

Kommunikation und Führung. Mitarbeiterjahresgespräch, Teamdiagnostik, Transaktionsanalyse

Louisa Papke

Bibliografische Information der Deutschen Nationalbibliothek:

Die Deutsche Nationalbibliothek verzeichnet diese Publikation in der Deutschen Nationalbibliografie; detaillierte bibliografische Daten sind im Internet über http://dnb.d-nb.de abrufbar.

ISBN: 9783346748188
Dieses Buch ist auch als E-Book erhältlich.

Druck und Bindung: Books on Demand GmbH, Norderstedt Germany
Gedruckt auf säurefreiem Papier aus verantwortungsvollen Quellen

Das vorliegende Werk wurde sorgfältig erarbeitet. Dennoch übernehmen Autoren und Verlag für die Richtigkeit von Angaben, Hinweisen, Links und Ratschlägen sowie eventuelle Druckfehler keine Haftung.

Das Buch bei GRIN: https://www.grin.com/document/1288737

Einsendeaufgabe: Alternative A

Management und BWL

Wahlmodul 1: Kommunikation und Führung

Eingesandt: 17.08.22

SRH Fernhochschule Riedlingen

Modul: Kommunikation und Führung

Studiengang: Prävention und Gesundheitspsychologie

Von: Louisa Papke

Abkürzungsverzeichnis

ggfs.	gegebenenfalls
MA	Mitarbeiter
GF	Geschäftsführer
Abb.	Abbildung
FK	Führungskraft
w.z.B.	wie zum Beispiel
incl.	inclusive
anschl.	anschließend
MA-Jahresgespräch	Mitarbeiterjahresgespräch
zus.	zusätzlich
HA	Hauptaufgabe
Aufg.	Aufgabe
Lf.	Leitfaden
Fallbsp.	Fallbeispiel
d.h.	das heißt
Zshg	Zusammenhang
u.a.	unter anderem
TA	Transaktionsanalyse

Abbildungsverzeichnis

1 Aufgabe A1 Grundlagen des Mitarbeiterjahresgespräches

1.1 Aufgabenstellung

Fallbeispiel: Im dem vorliegenden Fall kündigt der Geschäftsführer eines Unternehmens das Mitarbeiterjahresgespräch, mit seinem Projektmitarbeiter Herrn Fischer, an. Herr Fischer wirkt in Teambesprechungen zurückhaltend, liefert jedoch zu seinen Projekten sehr gute schriftliche Vorlagen.

Im ersten Teil dieser Einsendeaufgabe wird die inhaltliche Vorbereitung auf das MA-Jahresgespräch, sowie die Durchführung unter Beachtung angewandter Gesprächstechniken erläutert. Für ein besseres Verständnis wird kurz auf die Definition, Themen und Ziele eines MA-Jahresgespräches eingegangen.

1.2 Definition Mitarbeiterjahresgespräch

Bei einem MA-Jahresgespräch handelt es sich laut Definition, um ein sogenanntes institutionalisiertes Mitarbeitergespräch. Hierunter versteht sich, ein von beiden Seiten geplantes und inhaltlich vorbereitetes Gespräch zwischen MA und Vorgesetzten, dass in regelmäßigen Abständen, üblicherweise jährlich, stattfindet und sich somit von den anlassbezogenen und spontan geführten Gesprächen unterscheidet.[1] MA-Jahresgespräche werden mit Hilfe eines unternehmensspezifisch ausgestalteten Gesprächsleitfadens strukturiert. Dabei werden sie nach einem von der Organisation standardisierten Prozess durchgeführt, um die Leistung und das Potential der MA auf der Basis einheitlicher Kriterien einzuschätzen, zu analysieren und nachhaltig zu fördern.[2]

1.3 Themen und Ziele eines Mitarbeiterjahresgespräches

Das MA-Jahresgespräch beinhaltet eine Standortbestimmung aus Sicht der MA

---

[1] Vgl. Winkler/Hofbauer 2010, S.3
[2] Vgl. Mentzel 2006, S.162

und der Vorgesetzten, sowie die Vereinbarung von Zielen. Dabei handelt es sich um Themen, wie die Rückschau auf die Aufg., die Ziele und die Ergebnisse des vergangenen Jahres, sowie die Stärken, Interessen und Entwicklungspotentiale. Weiterhin beinhaltet das Gespräch eine Einschätzung über die Zusammenarbeit und Führung, die Vereinbarung von Zielen, Aufg. und Ergebniskriterien für das kommende Jahr und ggfs. die Vereinbarung von Aus- und Weiterbildungs-maßnahmen. Die Basis für eine positive Akzeptanz des MA-Jahresgespräches bilden die in der jeweiligen Organisation verfolgten Ziele, sowie die daraus resultierende Nachhaltigkeit.

Zu den Zielen von Mitarbeitergesprächen gehören:

- Etablierung einer Gesprächskultur: fördert beständige, zielorientierte und erfolgreiche Zusammenarbeit zwischen Mitarbeiter und Führungskraft
- Feedback zu Stärken und Schwächen wird ermöglicht
- Anerkennung der individuellen Leistung des Mitarbeiters
- Förderung und Ermittlung von Ressourcen des Mitarbeiters
- Nachhaltige Verbesserung der Prozessqualität [3]

Im Folgendem wird auf den Ablauf einschließlich der Vorbereitung und der Durchführung unter Beachtung der Gesprächstechniken eingegangen.

1.4 Ablauf des Mitarbeiterjahresgespräch

1.4.1 Vorbereitung

Eine gute Vorbereitung beider Gesprächspartner ist eine essentielle Grundlage für ein qualitativ und zielführendes MA-Jahresgespräch. Um eine umfangreiche Vorbereitung zu ermöglichen, wird mit Herrn Fischer mindestens zwei Wochen vorher ein Termin vereinbart. Mit der Einladung wird der Lf. (siehe Anlage) über-geben. Für eine bessere Übersicht kann sich die Vorbereitung in drei wesentliche Bestandteile (inhaltlich, organisatorisch und methodisch) gliedern.

---

[3] Vgl. Winkler/Hofbauer 2010, S.74-81

Inhaltliche Vorbereitung

Die Basis für ein förderliches Sachgespräch bilden inhaltliche Informationen w.z.B. die Dokumentation vorheriger Gespräche und die Personalakte des MA´s. Bezugnehmend auf das Fallbsp. setzt sich der GF intensiv mit der vorliegenden Situation auseinander. Er beschäftigt sich mit zielführenden Gesprächsstrategien und Ideen, um sich im Verlauf des Gespräches mit Beteiligung des MA´s eine Lösungsstrategie zu erarbeiten. Für das Gelingen des Gespräches ist es von Bedeutung, dass sich die FK, sowie auch Herr Fischer, auf den Inhalt des Gespräches anhand eines Lf. (siehe Anlage) vorbereitet. Dieser wird zu Beginn der Terminvereinbarung ausgehändigt. In vielen Unternehmen ist der Lf. vorgegeben. Dieser Lf. dient zur strukturierten Vorbereitung beider Parteien und unterstützt den GF, sich gedanklich mit Herrn Fischer auseinanderzusetzen. In diesem Fallbsp. empfiehlt es sich den Fokus auf die Stärken von Herrn Fischer zu richten, um sein Selbstbewusstsein zu stärken.

Organisatorische Vorbereitung

Neben der inhaltlichen Vorbereitung ist die Planung von geeigneten Rahmenbedingungen Bestandteil einer qualitativen Vorbereitung. Der GF vereinbart mit Herrn Fischer den Zeitpunkt, sowie die Dauer des Gespräches, damit kein Zeitdruck entsteht. Darüber hinaus trägt der GF dafür Sorge, dass eine angemessene räumliche Voraussetzung, sowie eine ruhige Gesprächsatmosphäre geschaffen wird.[4] In der Praxis hat sich gezeigt, dass eine angemessene spannungsarme Atmosphäre wesentlich zur Zielerreichung des Gespräches beiträgt. Auch die Sitzsituation während des Gespräches ist zu beachten. Hierbei ist es sinnvoll, dass FK und MA auf Augenhöhe in neutraler Position zueinander sitzen. Zusätzlich sind Informationsunterlagen aus der inhaltlichen Vorbereitung sowie Aufzeichnungshilfsmittel hinzuzuziehen.

Methodische Vorbereitung

Damit das Gespräch lösungsfokussiert und für beide Parteien effektiv ist, bietet es sich für den GF an, im Vorfeld eine einheitliche Gesprächsstruktur zu entwickeln. Dem GF obliegt die Führung des Gespräches und er ist somit für den ge-

---

[4] Vgl. Hossiep/Bittner/Berndt 2008, S.50

ordneten Gesprächsverlauf verantwortlich. Wenn der Verlauf des Gespräches jedoch eine andere Abfolge verlangt, ist die FK verantwortlich, offen für Änderungen in der Gesprächsreihenfolge zu sein. In der Literatur finden sich verschiedene Vorschläge, wie ein Mitarbeitergespräch durchgeführt werden kann.[5]

In dieser Arbeit wird die Durchführung des MA-Jahresgespräches anhand der Ausführung von Winkler und Hofbauer dargestellt. Zur besseren Verständlichkeit ist das Modell in der Abb. 1 dargestellt.

Abb.1: Strukturierte Gesprächsführung anhand der Ausführung von Winkler und Hofbauer

Quelle: Eigene Darstellung in Anlehnung an Winkler & Hofbauer 2010, S.100

1.4.2 Durchführung unter Beachtung der Gesprächstechniken

Im MA-Jahresgespräch besteht zwischen der FK und dem MA eine sogenannte asymmetrische Beziehung. Das bedeutet, dass der Vorgesetzte mehr Macht als der MA hat und Entscheidungen treffen kann, die der MA akzeptieren muss.

---

[5] Vgl. Hossiep/Bittner/Berndt 2008, S.52

Um dies zu vermeiden, ist es für den GF notwendig, die verschiedenen Gesprächstechniken zu beherrschen.[6] Ein paar der Gesprächstechniken, die besonders für das Fallbeispiel mit Herrn Fischer bedeutsam sind, werden in der Durchführung des MA-Jahresgespräches miteinbezogen.

Gesprächseinstieg

Der Gesprächseinstieg ist besonders entscheidend, denn hier baut der GF eine offene und harmonische Gesprächsatmosphäre auf. Dies geschieht durch eine respektvolle Begrüßung mit direkter Ansprache, einer bewussten Steuerung non-verbaler Signale und Small-Talk. Merkt Herr Fischer, dass er sich in einem Rahmen befindet, der von Wertschätzung, Empathie und Offenheit geprägt ist, kann sich dies positiv auf den weiteren Verlauf des Gespräches auswirken. Von größter Bedeutung ist es, dass dieser Teil nicht zu lange dauert, damit für den eigentlichen Grund, dem MA-Jahresgespräch, genügend Zeit verbleibt. Bei der Überleitung zum Gesprächsanlass bietet es sich an, den Gesprächsablauf kurz und prägnant zu erläutern.[7]

Für den positiven Verlauf des Gespräches zwischen Herrn Fischer und der FK ist das **Aktive Zuhören** förderlich. Unter dieser Gesprächstechnik wird nicht nur ein akustisches Zuhören verstanden, sondern eine offene, aktive, respektvolle Einstellung gegenüber dem Gesprächspartner und dessen Gesprächsinhalt. Die HA beim Aktiven Zuhören ist, Herrn Fischers Wertevorstellungen, aber auch Emotionen herauszufiltern und die Botschaft mit einer neuen neutralen Kernaussage auf den Punkt zu bringen. Das Verbalisieren beim Aktiven Zuhören trägt im Gespräch dazu bei, dass negative Anteile einer Nachricht w.z.B. ich schaffe das nicht, zu lösungsorientierten positiv verbalisiert werden. Ziel des aktiven Zuhörens ist es, durch das Paraphrasieren des Wesentlichen, ablenkendes Beiwerk auszusieben und unterschiedliche Interpretationen von Aussagen zu verhindern. Durch das aktive Zuhören wird das gegenseitige Verständnis für Situationen wie in dem genannten Fallbeisp., die zurückhaltende Art Herrn Fischers in Teambesprechungen, gegeben. Wird die Gesprächstechnik auf der Beziehungsebene betrachtet, so dient sie zur Reduzierung von Ärger und Frustation, da der MA spürt, dass ihm zugehört wird und die Botschaft vorhanden

---

[6] Vgl. Mentzel/Grotzfeld/Haub 2010, S.14
[7] Vgl. Winkler/Hofbauer2010, S.100

ist, seinen Standpunkt zu verstehen.[8] Diese Technik wendet der GF über den gesamten Verlauf des Gespräches an.

Rückblick und Leistungsbeurteilung

In der zweiten Phase wird Herrn Fischer die Gelegenheit gegeben, seine Leistungs- und Arbeitssituation einzuschätzen, sowie zu erläutern, welche Arbeits- und Rahmenbedingungen aus seiner Sicht hinderlich, für die Erreichung der im letzten Jahr vereinbarten Ziele, waren. Anschließend gibt die FK Herrn Fischer eine Rückmeldung, in dem die umgesetzten Aufg. und Ziele des MA´s, bezüglich seiner Stärken und Leistungen beurteilt werden.[9] Im Fall von Herrn Fischer empfiehlt es sich den Fokus vermehrt auf seine Stärken zu setzen w.z.B. das Ausarbeiten seiner Projektvorlagen, um sein Selbstbewusstsein zu stärken.

Beim Verlauf des Gespräches ist die Anwendung von **Ich-Botschaften** empfehlenswert. Besonders die Phase der Rückmeldung und Leistungsbeurteilung kann mit der Formulierung von Du-Botschaften bzw. im beruflichen Rahmen von Sie-Botschaft, schnell als abwertend und anschuldigend aufgefasst werden und zu einem negativen Gesprächsklima führen. Um dieses Hauptproblem der Kommunikation zu verhindern, werden Du/Sie-Botschaften in Ich-Botschaften umformuliert. Der Hauptunterschied der beiden Nachrichtenformen ist, dass bei Ich-Botschaften die eigenen Gefühle, Gedanken, Bedürfnisse, Meinungen verbalisiert werden, wohingegen in Du-Botschaften über die andere Person gesprochen wird und deren Verhalten bewertet wird.[10] In Bezug auf das folgende Gespräch mit Herrn Fischer, würde eine Sie-Botschaft wie folgt aussehen: „Sie liefern gute schriftliche Vorlagen zu ihren Projekten, beteiligen sich aber nie in Teambesprechungen!". Herr Fischer kann diese Aussage als Angriff auffassen und die Wahrscheinlichkeit steigt, dass er eine passive Gesprächshaltung einnimmt. Die Ich Botschaft hingegen würde heißen: „Ich stelle fest, dass sie sehr gute schriftliche Vorlagen zu ihren Projekten erbringen, aber in Teambesprechungen etwas zurückhaltender sind. Mir liegt viel daran, dass jeder MA sich offen mit seiner eigenen Meinung an Teambesprechungen beteiligt." Die Aussage spiegelt die selbe Botschaft wieder, wird aber mit hoher Wahrscheinlichkeit die

---

[8] Vgl. Koschany-Rohbeck 2018, S.117
[9] Vgl. Winkler/Hofbauer 2010, S.100
[10] Vgl. Rosner/Winheller 2019, S.147

Bereitschaft des MA´s erhöhen, sein Verhalten neu zu betrachten und zu ändern. Diese Technik dient dazu, dass Herr Fischer im besten Fall kooperativ auf Zielvorschläge des GF´s reagiert, da er merkt, dass dieser auch an dem Wohlbefinden von ihm interessiert ist. Anschl. folgt zwischen beiden Gesprächsparteien ein offener Meinungsaustausch mit der **Fragetechnik,** „Frageform offene Fragen" w.z.B. Was sagen sie dazu? Was könnte die Ursache für ihre Zurückhaltung in Teambesprechungen sein? Wie könnte ich Sie unterstützen? Was meinen Sie zu unserer gegenseitigen Leistungsbeurteilung? Besonders in der Situation von Herrn Fischer dient diese Frageform als Eisbrecher um gemeinsam Probleme zielgerichtet zu lösen.[11] Das **Feedback** ermöglicht Herrn Fischer sein Verhalten auf Personen in seinem Arbeitsumfeld zu reflektieren. Im besten Fall kann ein gezieltes Feedback nicht nur negative Verhaltensweisen korrigieren und positiv stärken, sondern motivieren und Vertrauen aufbauen, um selbstbewusster in Teambe-sprechung mit zu agieren.[12]

Austausch über die Zusammenarbeit

In dieser Phase erläutert Herr Fischer anfänglich seine Perspektive über die Zusammenarbeit mit der FK, den Kollegen und Schnittstellenpartnern. Anschließend illustriert der Vorgesetzte seine Sichtweise, bevor beide Seiten Möglichkeiten besprechen, die Zusammenarbeit weiter zu optimieren.

Erarbeitung und Vereinbarung von zukünftigen Arbeitszielen

Im vierten Schritt, der Zielfindung und Zielvereinbarung, werden mit Herrn Fischer konkrete Ziele, incl. der entsprechenden Maßnahmen, vereinbart. Herr Fischer und der GF einigen sich in der Phase darauf, dass er seine persönliche Ressource (die Ausarbeitung von Projektvorlagen) als Modell den anderen MA detailliert in Präsenz vorstellt. Durch diese Methode gewinnt Herr Fischer an Selbstbewusstsein und Anerkennung und erfährt positive Motivation, um schrittweise in Teambesprechungen offener auftreten zu können.

Besprechung und Vereinbarung von Entwicklungszielen

Während dieser Phase erläutert der MA Möglichkeiten, die er für seine berufliche

---

[11] Vgl. Luckau 2018, S.71
[12] Vgl. Winkler/Hofbauer 2010, S.161

Weiterentwicklung sieht. Anschl. werden die infrage kommenden Entwicklungs-
maßnahmen zur beruflichen Qualifizierung des MA´s diskutiert und vereinbart.

Zusammenfassung des Gespräches

Zum Ende des Gespräches werden die konkreten Inhalte nochmal kurz zusammengefasst und ggfs. offene Fragen, Vorschläge und Anregungen besprochen.

Gesprächsabschluss

Die von der FK dokumentierten Gesprächsergebnisse im erhält Herr Fischer, die
Personalabteilung oder die FK selbst für die Personalakte. Eine gute Dokumen-
tation erleichtert es, komplexe Vorgänge nach längerer Zeit nachzuvollziehen.
Abschl. wird Bilanz gezogen, indem von beiden Parteien das Gespräch bewertet
wird. Damit das Gespräch beim MA in guter Erinnerung bleibt, empfiehlt es sich,
dass die FK sich um eine positive Stimmung beim Gesprächsabschluss bemüht.
Durch wertschätzende Bemerkungen und aufrichtigen Dank, kann das positive
Erleben des Gespräches verstärkt werden und der MA verabschiedet werden.[13]
Die präzise Vorbereitung mit Hilfe des Lf. hat dem GF zur strukturierten Vorbereitung geholfen und ihm ein tiefes Verständnis über seinen MA im Gespräch
gegeben. Mit der gewählten Gesprächsstruktur konnte der GF das Gespräch
zielgerichtet durchführen und intervenieren. Die angewandten Gesprächstechniken stellen dabei eine wertschätzende Basis zwischen beiden Parteien dar.

2 Aufgabe A 2 Teamdiagnostik und dessen Anwendung in der Praxis

2.1 Aufgabenstellung

In der zweiten Aufg. wird die Teamdiagnostik beschrieben und anhand eines
Praxisbsp´s erläutert, wie sie in der Praxis Anwendung findet. Um ein besseres
Verständnis für die Teamdiagnose und dessen Durchführung in der Praxis zu
entwickeln, werden zuerst die Begriffe Team und Teamentwicklung kurz definiert.

---

[13] Vgl. Winkler/Hofbauer 2010, S.100

2.2 Definition Team und Teamentwicklung

Laut Gladstein ist das Team das Verbindungsstück zwischen dem Individuum und dem Unternehmen, da in einem Team soziale Balance und Kontrollmechanismen funktionieren, die im Gegensatz dazu, in der Anonymität der Organisation, nicht realisierbar sind.[14] Das Team wird als eine kleinere Systemeinheit innerhalb einer Organisationstruktur verstanden, dass an einer Aufgabe, gemeinsam arbeitet. In einem Unternehmen kann ein Team auch als ein komplexes, dynamisches und anpassungsfähiges System verstanden werden, das sich über die Zeit und auch in Abhängigkeit der äußeren Umstände entwickelt. In der Wissenschaft ist man sich einig, dass gut funktionierende Teamarbeit durch Training entwickelt werden muss. Diese Erkenntnis führt zu vermehrten Investitionen in Teamreflexion und Teamentwicklung. Unter Teamentwicklung wird ein Prozess innerhalb eines Teams verstanden, der alle qualifizierenden Maßnahmen beschreibt, die geplant und unter Moderation im Team durchgeführt werden. Das Ziel einer Teamentwicklung ist es, teaminterne Prozesse zu optimieren, Probleme zu reduzieren, die Effizienz des Teams zu verbessern, die Leistungsfähigkeit wieder herzustellen oder bei einem neuen Team schnellstmöglich zur vollen Leistungsstärke zu gelangen. Nach Kauffeld ist die Teamdiagnose ein bedeutsamer Bestandteil um die Teamentwicklung erfolgreich abzuschließen.[15]

2.3 Theoretische Hintergründe der Teamdiagnose

Die Phasen der Teamdiagnose liegen zu Beginn eines Teamentwicklungsprozesses. Durch Teamdiagnosen werden Informationen und Erkenntnisse über Teammitglieder oder das prozessuale Geschehen innerhalb eines Teams generiert. Sie analysiert Aspekte des Ist- bzw. Soll-Zustandes in der Teamarbeit. Laut Comelli ist die Teamdiagnose eine bedeutsame Grundlage für ein erfolgreiches Teamentwicklungsprojekt. Sie trägt dazu bei, dass die Teamentwicklungsmaßnahmen erfolgreich beendet werden können. Ohne eine Teamdiagnose ist die Evaluation einer Teamentwicklung nicht möglich, da sie eine Messung zwischen

---

[14] Vgl. Gladstein 1984, S.499
[15] Vgl. Kauffeld 2014, S.162

der Ausgangssituation und dem Verhalten in der Folgezeit zulässt.[16]

2.3.1 Instrumente und Verfahren der Teamdiagnose

Es gibt verschiedene Analyseinstrumente die eingesetzt oder auch kombiniert werden können, um die Kommunikation, Zusammenarbeit und Teamfähigkeit von Arbeitsgruppen zu diagnostizieren. Hierzu zählen u.a. die Befragung einzelner Teammitglieder, Gruppeninterviews, Problemkataloge, Auswertung von Ereignissen, Stimmungsbarometer, Inhaltsanalysen und Dokumentenanalysen, projektive Verfahren, Standortbestimmungen mit Rückblick und Ausblick sowie Kraftfeldanalysen. Der Einsatz von Diagnoseinstrumenten ermöglicht für die gruppendynamischen Abläufe eine Reflexion und Förderung der Lösungskompetenz des Teams.

Comelli und Kauffeld teilen die teamdiagnostischen Verfahren in struktur- und prozessanalytische Verfahren ein. Diese zwei Verfahren unterscheiden sich, bezüglich des inhaltlichen Fokus, in ihren jeweiligen Instrumenten. Die strukturanalytischen Verfahren erfassen, anhand einer Befragung, in Form eines Interviews oder Fragebogen, subjektive Wahrnehmungen, Personen- und Organisationsvariablen. Das prozessanalytische Verfahren fasst Comelli unter dem Stichwort Verhaltensbeobachtung und Prozessanalysen zusammen. Er beschreibt sie als gemeinsames Beobachten einer bestimmten Arbeitseinheit, um Schlüsse für die Zukunft zu gewinnen und Optimierungsmöglichkeiten zu erkennen.[17]

2.3.2 Ziele von Teamdiagnosen

Nach Kauffeld können Teamdiagnosen unterschiedliche Ziele verfolgen. Hierzu zählen:

- Stärken-Schwächen-Analyse
- Bestandsaufnahme und Bedarfsermittlung für Teamentwicklungsprozess
- Planungsgrundlage für einen Teamentwicklungsprozess
- Unterstützung von Teamentwicklung
- Unterstützung von Coaches bei Feedbackfunktion

---

[16] Vgl. Kauffeld 2014, S.162
[17] Vgl. Kauffeld 2014, S.163

- Sensibilisierung für teaminterne Prozesse
- Überprüfung bzw. Evaluierung vom Teamentwicklungsmaßnahmen
- Aufzeigen von Verbesserungsmöglichkeiten
- Mitglieder lernen Kompetenzen und Gruppenvorgänge zu verbalisieren [18]

Das Ziel einer Teamdiagnose ist das zielgerichtete und methodisch geplante Exzerpieren von Informationen über das Team, den Teammitgliedern und dessen Beziehungen zum organisationalen Kontext. Nur mit Hilfe dieses Wissens ist es möglich, dass Leistungsniveau und die Abläufe innerhalb eines Teams zu verbessern. Deshalb ist eine Teamdiagnostik für einen Teamentwickler, Berater, Trainer oder Teamcoach ein wichtiges Instrument, um das Wissen als Ansatz oder Startpunkt einer Teamentwicklung zu nutzen und ein Feedback zu geben.[19] Um ein besseres Verständnis für die Anwendung einer Teamdiagnose in einer Teamentwicklung zu erlangen, wird im Folgendem die Durchführung anhand eines Praxisbsp´s in einem Unternehmen beschrieben.

2.4 Praktische Anwendung der Teamdiagnose

Anwendungsbeispiel:

Ein Unternehmen beauftragt, in einem seit Jahren bestehenden Team, einen Teamcoach, um ein Teamentwicklungsprozess durchzuführen. Die Ursache für die Beauftragung ist, dass das Team eine mangelnde Performance im Bereich der Ergebnisorientierung und der Zusammenarbeit aufzeigt. Ein Teamentwicklungsprozess umfasst nach Kauffeld fünf Phasen. Die Diagnose ist hierbei der Ausgangspunkt, die zur Problemlösung führen soll.

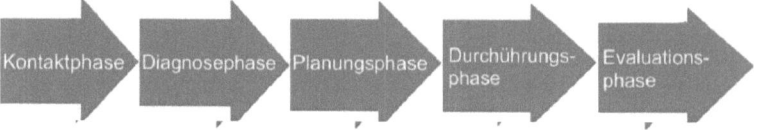

Abb. 2: Die fünf Phasen der Teamentwicklung nach Kauffeld

Quelle: Eigene Darstellung in Anlehnung an Kauffeld 2014, S.161

---

[18] Vgl. Kauffeld 2001, S.50
[19] Vgl. Kauffeld / Lehmann-Willenbrock 2016, S.41

Kontaktphase:

In der Kontaktphase klärt der GF mit dem Teamcoach die beiderseitigen Erwartungen, die Ziele der Teamentwicklung, das methodische Vorgehen, die organisatorischen Rahmenbedingungen, sowie den Zeitrahmen für die Teamentwicklung ab und hält dies vertraglich fest. In dieser Phase erfolgt eine Abklärung der Rollen von Teamentwicklern, FK und Teilnehmern, sowie die Zusicherung von Vertraulichkeit gegenüber den Teilnehmern.[20] Aufgrund des bereits beschriebenen Problems vom Unternehmen, entscheidet sich der Coach, in Absprache mit der GF für die Arbeit mit dem Team zur Anwendung eines Fragebogens als Diagnoseinstrument, auch FAT genannt. Der FAT nach Kauffeld gehört zum strukturanalytischen Verfahren und dient der verhaltensnahen Beschreibung der Zusammenarbeit in Teams. Mit seiner Hilfe können Hinweise auf Stärken und Schwächen in Teams gefunden werden, um darauf aufbauend Teamentwicklungsmaßnahmen anzusetzen. Es ist ein umfassendes Werkzeug und kann universell für Teams verschiedener Qualifikationslevel´s eingesetzt werden.[21] Anbei ist zur Veranschaulichung ein Auszug aus dem FAT-Fragebogen beigefügt.

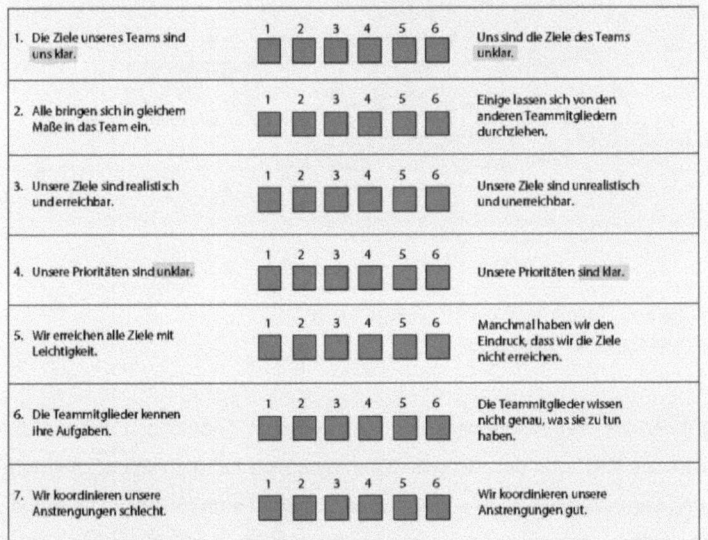

Abb. 3: Auszug aus dem FAT-Fragebogen nach Kauffeld

Quelle: Nerdinger 2019, S. 132 nach Kauffeld 2004

---

[20] Vgl. Kauffeld 2014, S.161
[21] Vgl. Kauffeld / Schulte 2019, S.216

Diagnosephase:

Der Teamcoach händigt hierbei den Fragebogen jedem MA aus und bittet die aktuelle Situation im Team anhand des Fragebogens einzuschätzen. Der Fragebogen besteht aus 24 Items, wobei die Dimensionen Strukturorientierung und Personenorientierung über je zwei Skalen erfasst werden. Zwei zusätzliche Items bilden den Grad der sozialen Erwünschtheit ab. Zielorientierung und Aufgabenbewältigung beschreiben die Strukturdimension, während Zusammenhalt und Verantwortungsübernahme die Personendimension beschreiben. Danach werden die Bögen eingesammelt und die Ergebnisse mithilfe eines EDV-Programmes aufbereitet und in ein Gesamtbild übertragen. Für die Rückmeldung der Fragenbogenergebnisse wird die Kasseler Teampyramide eingesetzt. Sie bildet die Grundlage des FAT. Die vier Skalen zeichnen dabei gute Teamarbeit aus.[22]

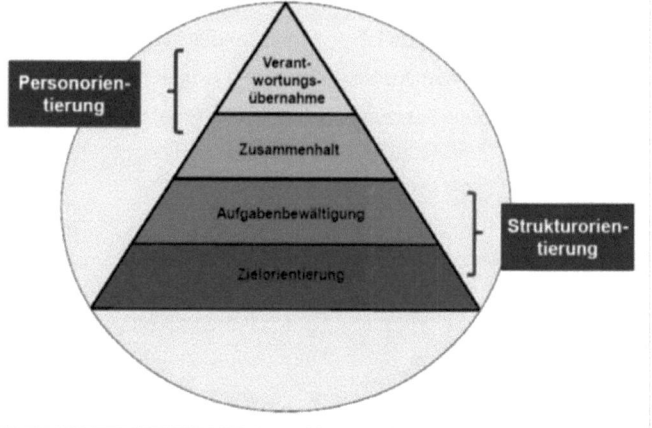

Abb. 4: Die Kasseler-Teampyramide als Grundlage des FAT
Quelle: Kauffeld & Güntner 2018, S.157

Das Ergebnis der Fragenbogenentwicklung, wird vom Teamcoach anhand der vier Skalen des FAT´s, in der Kasseler Teampyramide hierarchisch zusammengefasst und veranschaulicht. Wie zielorientiert ist das Team? Werden die Aufgaben gut bewältigt? Wie ist der Zusammenhalt? Wie gut ist die Verantwortungsübernahme? Der Kreis um die Pyramide symbolisiert die Umwelt. Diese hat den

---

[22] Vgl. Kauffeld 2001, S.135-138

größten Einfluss durch Anforderungen, Richtlinien oder den Vorgesetzten auf die Zielorientierung. Für den FAT hat die Umwelt keine Relevanz, sondern wird bei dem Ergebnis von z.b. unklaren Zielen, als mögliche Ursache, mit in den Austausch genommen. Die Rückmeldung vom Coach ins Team über die Ergebnisse bietet Gelegenheit, in den Dialog zu kommen und Verbesserungen zu bewirken. Die hierarchische Darstellung bedeutet für die Teamentwicklung, dass erst auf der Sachebene Ursachenforschung betrieben wird, bevor man zu persönlichen Themen kommt und diese als Ursache in Betracht zieht.

Planungsphase:

Die Resultate der Diagnosephase fließen in die Planungsphase ein und es werden konkrete Inhalte vereinbart. Das Ergebnis dieser Phase ist hierbei kein starres Konzept, sondern wird trotz klarer Zielsetzung noch flexibel angepasst.[23]

Durchführungsphase:

Die Wirksamkeit in der Praxis wird durch Maßnahmen in der Durchführungsphase erhöht, indem ein konkreter Maßnahmenplan mit einem Zeitplan und der Benennung von Verantwortlichen im Team sichergestellt wird. Dadurch wird der Transfer der Ergebnisse aus der Teamentwicklung in den Arbeitsalltag gesichert.

Evaluationsphase:

Nach Beendigung der Durchführung findet die Evaluation statt. Der Zeitpunkt der Bewertung richtet sich dabei nach der zeitlichen Perspektive der Maßnahmen.[24] In dieser Phase besteht die Möglichkeit den Fragebogen erneut durchzuführen und anhand der Ergebnisse zu evaluieren, welche Maßnahmen erfolgreich umgesetzt und etabliert werden konnten.

2.5 Grenzen der Teamdiagnose

Auch wenn die Wirksamkeit einer Teamdiagnose Erfolge nach sich zieht, besteht nie die Garantie, dass dies bei jeder Umsetzung Wirkung zeigt. Wenn ein Team feststellt, dass Missstände nicht aufhebbar sind, kann es passieren, dass die Mit-

---

[23] Vgl. Kauffeld 2001, S.138-14
[24] Vgl. Kauffeld 2014, S.17

glieder in den „Jammerzirkel" fallen. Hierbei schweift die Diskussion von der Pro-
blemerörterung in eine starke Betonung der negativen Situation ab und es wird
auf die Machtlosigkeit des Teams gepocht, ohne das Veränderungsvorschläge
eingehen. Kommt es durch immer neue Bemerkungen über den negativen Ist-
Zustand zu keiner Entwicklung von Lösungsansätzen, birgt dies deutliche negative Konsequenzen für das Team und die Teamergebnisse.[25] Wie in der Kasseler
Teampyramide auf Abb. 5 dargestellt, zeichnet sich gute Teamarbeit durch vier
dargestellte Faktoren aus. Diese Faktoren können sich nur entfalten, wenn die
Umgebung des Teams entsprechend gestaltet wird. Durch die Teamdiagnose
werden in einer Teamentwicklung mögliche Optimierungsaufgaben aufgezeigt,
die das Team selbständig in Angriff nehmen kann. Fehlen allerdings wesentliche
Umgangsfaktoren, w.z.B. der Vorgesetzte fördert die Entwicklungsmöglichkei-
ten des Teams nicht, kann auch eine Teamdiagnose nicht viel ausrichten.

3 Aufgabe A3 Transaktionsanalyse nach E. Berne

3.1 Aufgabenstellung

Die zweite Teilaufgabe befasst sich mit der Transaktionsanalyse nach E. Berne
In diesem Zshg. wird sich mit der Frage beschäftigt, wie eine Führungskraft mit
Hilfe der T. Konflikte lösen oder vorbeugen kann.

3.2 Transaktionsanalyse und die Verbindung zu Konflikten

In den 60er Jahren entwickelte der Psychologe Eric Berne die Transaktionsanalyse. Die TA ist ein psychologisches Modell das zur Selbsterfahrung und zur
Analyse von Gesprächsabläufen auf der Beziehungsebene angewendet wird. Als
Persönlichkeitstheorie stellt sie die Grundlage für ein vertieftes Verständnis von
intraindividuellen Strukturen, sowie deren Dynamik und Entstehung dar. Als Inter-

---

[25] Vgl. Kauffeld 2007, S.58-60

aktionstheorie ermöglicht sie es Interaktions- und Beziehungsprozesse zu erklären und zu verstehen. Das Verständnis unseres Inneren und unsere Verhaltensweisen in sozialen Kontakten zu anderen Menschen, sind wichtige Voraussetzungen, um unser Leben auf eine positive Weise zu gestalten. Nur über Fortschritte im Zusammenspiel von Denken (Verstehen), Fühlen (emotionale Über- und Umsetzung) und Verhalten (konative Umsetzung) ist eine Person in der Lage, sich wirksam in eine positive Richtig weiterzuentwickeln.[26] Um das unterschiedliche Verhalten des Menschen zu erklären, hat Berne ein Modell der Ich-Zustände entwickelt. Das gesamte Verhalten, welches denken, fühlen und handeln umfasst, wird in diesem Modell in drei Persönlichkeitsbereiche gegliedert. [27]

3.2.1 Ich- Zustände

Das Eltern-Ich umfasst Normen, Verhaltensweisen und Werte die durch die Eltern oder andere Autoritätspersonen übernommen werden und entwickelt sich im Alter von 0-6 Jahren. Im Laufe des Lebens können sich diese Eigenschaften durch Erfahrungen erweitern oder vermindern. Dies geschieht durch Konfrontationen mit Situationen, in denen sich die Person selbst in einer fürsorglichen Elternrolle wahrnimmt oder durch Begegnungen von Autoritäten, die einen großen Einfluss ausüben.[28] Das Eltern-Ich besteht aus dem kritischen Ich, dass strafend, wertend und bevormundend auftritt und dem fürsorglichen Eltern-Ich, dass verständnisvoll, wohlwollend, tröstend und unterstützend reagiert. Die Stärke der Ausprägungen beider Strömungen spiegelt sich im Verhalten wider. Im Privat- und Berufsleben fällt es Menschen, bei denen das wohlwollende Eltern-Ich ausgeprägter ist, leichter sich auf neue Situationen offen einzulassen und diese selbstkritisch zu überprüfen, ohne eine vorgefertigte Meinung zu übernehmen.[29] Der Kind-Ich Zustand bezeichnet die Handlungen und Verhaltensweisen des inneren Kindes und entwickelt sich zeitlich parallel zu dem Eltern-Ich. Es kann somit auch als die innere selbstentwickelte, emotionale Reaktion, zu dem im Eltern-Ich von außen eintreffenden Reiz, verstanden werden. Ist dieser Zustand aktiv,

---

[26] Vgl. Nowak 2011, S.7
[27] Vgl. Weisbach 2001, S.107
[28] Vgl. Steiner 2009, S.39-41
[29] Vgl. Luckau 2018, S.35

entsprechen Verhaltensweisen, Wahrnehmungen und Gedanken, dem Alter eines 0-6 jährigen Kindes. Besonders wenn äußere Umstände **Kindheitseigenschaften** w.z.B Abenteuerlust, Lebensfreude und Kreativität, mit sich bringen oder erfordern, wechseln Menschen absichtlich in das Kind-Ich.[30] Ebenso wie das Eltern-Ich, wird auch das Kind-Ich in zwei Verhaltenstendenzen unterteilt. Zu denen gehört die angepasste Verhaltensweise, welche sich durch Hilflosigkeit, Selbstmitleid, Ängstlichkeit und Abhängigkeit auszeichnet und die natürliche, welche mit impulsiven, rebellischen und teils aggressiven Verhalten einhergeht. Menschen neigen dazu, zwischen den beiden Tendenzen zu wechseln. Entscheidend dafür ist, in welcher Gefühlslage sie sich befinden und wie es von Eltern von anderen Autoritätspersonen erwartet wird.[31]

Das Erwachsene-Ich ist der Persönlichkeitsteil, der sich mit der gegenwärtigen Realität auseinandersetzt und sich auf Verhaltensweisen, Gedanken und Gefühle bezieht, die eine angemessene Antwort geben, was jeder Mensch im Inneren und im Äußeren erlebt. Das Handeln ist dabei durch die Rationalität geprägt, wie auch gesammelte Tatsachen objektiv verarbeitet werden und die Wahrnehmung nach Kategorien und Schemata verläuft. Dieser Zustand enthält keine eigenen Emotionen, ist jedoch trotzdem in der Lage die Gefühle des Eltern-Ich Zustands und des Kind-Ich Zustands miteinzubeziehen.[32] Jeder Mensch kann diese drei Persönlichkeitsbereiche in unterschiedlichen Situationen einnehmen und innerhalb sehr kurzer Zeit zwischen den einzelnen Zuständen wechseln. Die Analyse der individuellen Persönlichkeitsstrukturen nennt sich Strukturanalyse und trägt dazu bei, das Verhalten einzelner Menschen besser zu verstehen.

3.2.2 Transaktionen

Eine Transaktion schließt jeden verbalen und nonverbalen Austausch zwischen mindestens zwei Personen ein und besteht aus einem Reiz und einer Reaktion zwischen zwei bestimmten Ich-Zuständen. Die TA zielt darauf ab, Antworten zu finden, aus welchem Ich-Zustand eine Person handelt, welcher Ich-Zustand angesprochen wird und aus welchem Ich-Zustand geantwortet wird. Innerhalb ei-

---

[30] Vgl. Steiner 2009, S.40
[31] Vgl. Luckau 2018, S.36
[32] Vgl. Steiner 2009, S.40-41

ner Kommunikationsbeziehung zeigt sich daher erst im Zshg. mit den Ich-Zuständen des Gegenübers, ob sich ein Ich-Zustand als problematisch erweist. Aus
den verschiedenen Ich-Zuständen der kommunizierenden Person resultieren unterschiedliche Transaktionsabläufe: die komplementäre Transaktion, die gekreuzte und die verdeckte Transaktion.[33] Die komplementäre Transaktion, stellt
die einfachste Form der Kommunikation dar. Dadurch, dass der Gesprächspartner bei der parallelen Transaktion jeweils aus dem Ich-Zustand, den sein Gegenüber angeregt hat, antwortet, gelingt die Kommunikation und kann ungehindert
fortfließen. Die dargestellte Kommunikation könnte z.B. in einer Besprechung ab-
laufen, in der zwei FK sachlich auf der Erwachsenenebene miteinander diskutie-
ren. Wie auf der Abb.2 sichtbar, können Kommunikationen, die gezielt auf unterschiedlichen Ebenen ausgetragen werden, reibungslos verlaufen. Die Grundvor-
aussetzung ist das gegenseitige Einverständnis beider Kommunikationspartner.[34]

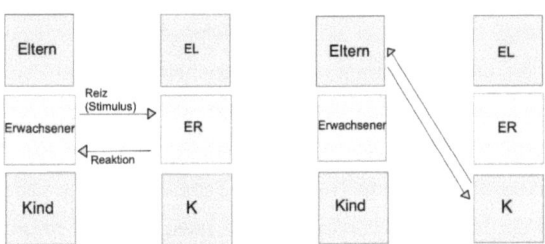

Abb. 5: Die komplementäre Transaktion
Quelle: eigene Darstellung in Anlehnung an Steiner 2009, S. 45

Wird das Gegenteil geschehen und der Empfänger antwortet nicht, auf dem Sender gewünschten Zustand, entsteht die gekreuzte Interaktion. Diese entsteht,
wenn neutrale Aussagen als Anschuldigung oder Aufforderung missverstanden
werden. Nach dieser Transaktion bricht die Kommunikation vorübergehend zusammen, denn die Reaktion des Empfängers weicht von dem was der Sender
intendiert hat, ab.[35] Die Abb. 6 stellt die Unterhaltung zwischen einer FK und einem Kollegen dar, in welcher die FK im Erwachsenen-Ich feststellt, dass das
Protokoll noch geschrieben wurde. Daraufhin reagiert der Kollege aus dem ange-

---

[33] Vgl. Nowak 2011, S.44-45
[34] Vgl. Luckau 2018, S.38-39
[35] Vgl. Nowak 2011, S.45

passten Kind-Ich und beschließt, dass Protokoll sofort fertig zu schreiben, obwohl er zu dem Zeitpunkt eigentlich Feierabend hat. Anderseis gibt es Situationen wo es als sinnvoll erscheint, eine Transaktion zu durchkreuzen, um auf eine andere Ebene des Gespräches zu gelangen.[36]

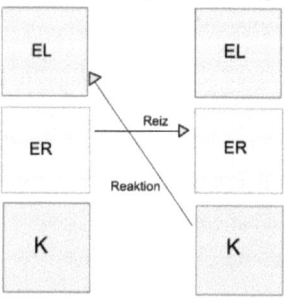

Abb. 6: Die gekreuzte Transaktion
Quelle: Eigene Darstellung in Anlehnung an Steiner 2009, S. 45

Enthält die genannte Aussage von der FK einen Vorwurf, wird von einer verdeckten Transaktion gesprochen, denn die Kommunikation spielt sich auf zwei Ebenen ab: der gesprochenen sozialen Ebene (hier: Erwachsenes-Ich) und der verborgenen psychologischen Ebene (hier: Kind-Ich), auf welcher sich der Verlauf der Transaktion entscheidet. Die verdeckte Transaktion enthält unterschwellige Wünsche, Bedürfnisse, Kritik, Ironie oder versteckte Drohungen und führt zu Unsicherheit und Missverständnissen. Sie ist schwer zu durchschauen, kann aber an der Körpersprache, der Gestik, der Mimik oder dem Tonfall erkannt werden.[37]

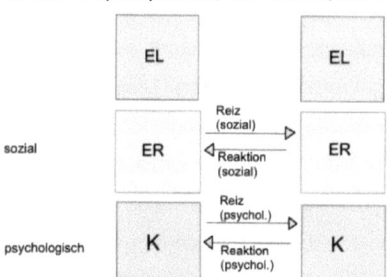

Abb. 7: Die verdeckte Transaktion
Quelle: Eigene Darstellung in Anlehnung an Steiner 2009, S.46

---

[36] Vgl. Klein 2001, S.282
[37] Vgl. Luckau 2018, S.40-41

Die TA erweist sich im beruflichen Kontext als nützliches Konzept um Konflikte zu lösen oder die Entstehung dieser gänzlich zu verhindern. Die verschiedenen Kenntnisse über die Persönlichkeitsbereiche und Transaktionstypen der TA. bieten für die Konfliktbearbeitung eine theoretisch fundierte und praxiserprobte Hilfestellung an, um die eigenen Handlungen, Ursachen, Gefühle besser zu verstehen. Nicht nur die Auseinandersetzung mit sich selbst erweist sich als nützlich, sondern auch die damit einhergehende Fähigkeit andere Menschen besser zu verstehen und somit besser auf Kunden oder MA einzugehen. Als nützliche Orientierung erweisen sich hierbei die Kenntnisse über die unterschiedlichen Ich-Zustände. Da nach dem Gesetz von Aktion und Reaktion die Wahrscheinlichkeit groß ist, dass eine Änderung des Verhaltens auch eine Reaktionsveränderung des Gegenübers nach sich zieht, hat die FK bspw. in einem Konfliktgespräch mit einem Angestellten, die Möglichkeit bewusst in den eigenen Ich-Zustand zu wechseln, um die Kommunikation zu verbessern. Das gezielte Verhalten ermöglicht es, Einfluss zu nehmen und das Gespräch auf eine Ebene zu lenken, in der konstruktiv über das Problem gesprochen wird. Zusätzlich kann die FK als Mediator fungieren, in der sie als unabhängige dritte Person die Konfliktbeteiligten unterstützt, aus einer festgefahrenen Konfliktkommunikation herauszukommen, um Möglichkeiten zu erweitern und sich der Klärung der eigentlichen Sachlage zu wenden zu können. Beobachtet eine FK bspw. einen Konflikt zwischen zwei Mitarbeitern und stellt fest, dass einer der beiden in die Rolle des Kind-Ich gedrängt wird, kann die FK die Situation auf eine ebenbürtige Ebene lenken, da ihr durch die Kenntnisse der TA bewusst ist, dass auf der aktuellen Kommunikationsebene keine konstruktive Klärung stattfinden kann.[38] Um Konflikte vorzubeugen achtet die FK darauf, die verdeckte Transaktion zu vermeiden, indem sie z.B. beim Erteilen eines Arbeitsauftrages in einer hektischen Phase, keine Kritik oder Ärger über das Zeitmanagement in der Stimme mitschwingen lässt. Nur wer weiß, wie eine gelungene Kommunikation abläuft, kann diese gezielt führen und in komplexen Situationen dafür sorgen, dass die Interaktion positiv bleibt. In Verhandlungssituationen ist die FK dazu aufgerufen, die Unterhaltung im Erwachsenen-Ich zu halten. Bei Ausnahmesituationen, wenn

---

[38] Vgl. Nowak 2011, S.161

z.B. die emotionale Identifikation mit einem Gegenstand hergestellt wird, erweist sich der Wechsel in das Kind-Ich als sinnvoll. Hierbei ist das Bewusste über seine eigenen Ich-Zustände und die Fähigkeit sich selbst Realitätsgetreu einschätzen zu können von großer Bedeutung.

Durch das angeeignete Wissen bildet die TA die Grundlage für eine sensiblere Wahrnehmung. Das theoretische Wissen über die Persönlichkeitsbereiche, die TA.-Typen und das gefühlsmäßige Erkennen und Verstehen von Verhaltensweisen, bilden eine Einheit mit der gezielt die Entscheidung für ein verändertes bzw. verbessertes Verhalten bezüglich der Kommunikation getroffen werden kann. Die TA dient somit zur Konfliktprävention als auch zur Lösung von Konflikten.[39]
Allen voran ist die empirische Absicherung der TA fragwürdig und wenig getestet. Möglicherweise liegt es daran, dass es sich um eine psychoanalytisch begründete Theorie handelt, deren empirische Untermauerung als generell mangelhaft bezeichnet werden kann.[40]

---

[39] Vgl. Steiner 2009, S.11
[40] Vgl. Luckau 2018, S.42

Anlage 1

Leitfaden Mitarbeiterjahresgespräch

Mitarbeiter*in	Führungskraft

Aufgaben und Ziele

An der Art , wie ich meine Aufgaben ausführe, finde ich gut und gelungen.......	An der Art, wie Sie Ihre Aufgaben ausführen, finde ich gut und gelungen........
Folgende Probleme hindern mich daran, meine Aufgaben noch erfolgreicher auszuführen........	
Ich sehe folgende Entwicklung bei mir im letzten Jahr.........	Ich sehe folgende Entwicklung bei Ihnen im letzten Jahr........
Wie erlebe ich meinen Beitrag zur Weiterentwicklung unseres Unternehmens?	Wie erlebe ich Ihren Beitrag zur Weiterentwicklung unseres Unternehmens?
In welchem Umfang erreiche ich vorgegebene und vereinbarte Ziele?	In welchem Umfang erreichen Sie vorgegebene und vereinbarte Ziele?

Persönliches Feedback

Ich schätze mein Können folgendermaßen ein: 1. Fach- und Methodenkompetenz 2. Soziale Kompetenz (Konflikt-verhalten, Kommunikationsfähigkeit, Teamfähigkeit) 3. Persönliche Kompetenz (Lern-fähigkeit, Auftreten, Selbstreflexion)	Ich schätze Ihr Können folgendermaßen ein: 1. Fach- und Methodenkompetenz 2. Soziale Kompetenz (Konfliktverhalten, Kommunikationsfähigkeit, Teamfähigkeit) 3. Persönliche Kompetenz (Lern-fähigkeit, Auftreten, Selbstreflexion)
Wie erlebe ich meine Initiativkraft ?	Wie erlebe ich Ihre Initiativkraft?
Ich schätze das Maß, in dem ich Verantwortung übernehme, folgendermaßen ein........	Ich schätze das Maß, in dem Sie Verantwortung übernehme, folgendermaßen ein........

Zusammenarbeit

Wie erlebe ich unsere Zusammenarbeit: 1. in Hinblick auf Klarheit und Eindeutigkeit der Absprachen? 2. auf Beziehungsebene? 3. im Hinblick auf Werte?	Wie erlebe ich unsere Zusammenarbeit: 1. in Hinblick auf Klarheit und Eindeutigkeit der Absprachen? 2. auf Beziehungsebene? 3. im Hinblick auf Werte?
Erfahre ich genügend Unterstützung bei meiner Aufgabenwahrnehmung?	
Für unsere Zusammenarbeit wäre es förderlich, wenn Sie......	Für unsere Zusammenarbeit wäre es förderlich, wenn Sie......

Vereinbarungen

Diese Vereinbarungen möchte ich in folgenden Bereichen schließen: 1. Ziele 2. Art und Weise, wie die Aufgaben ausgeführt werden 3. Fördermaßnahmen 4. Unterstützung der Führungskraft	Diese Vereinbarungen möchte ich in folgenden Bereichen schließen: 1. Ziele 2. Art und Weise, wie die Aufgaben ausgeführt werden 3. Fördermaßnahmen 4. Unterstützung der Führungskraft

Quelle: eigene Darstellung

Literaturverzeichnis

Gladstein, D. (1984). Groups in context: A model of task group effectiveness. Administrative science quarterly. *29*, 499-517. Abgerufen am 25. 07. 2022 von https://www.proquest.com/docview/203954702

Hossiep, R., Bittner, J., & Berndt, W. (2008). Mitarbeitergespräche- motivierend, wirksam, nachhaltig (Praxis der Personalpsychologie) (Bd. 16). Göttingen: Hogrefe.

Kauffeld , S., & Lehmann-Willenbrock, N. (2016). Teamdiagnose und Teamentwicklung. In I. Jöns (Hrsg.), Erfolgreiche Gruppenarbeit. Konzepte, Instrumente, Erfahrungen (2. Aufl.) (S. 37-54). Wiesbaden: Springer Gabler.

Kauffeld, S. (2001). Teamdiagnose. Göttingen: Verlag für Angewandte Psychologie.

Kauffeld, S. (2007). Jammern oder Lösungsexploration. Eine sequenzanalytische Betrachtung des Interaktionsprozesses in betrieblichen Gruppen bei der Bewältigung von Optimierungsaufgaben. Zeitschrift für Arbeits- und Organisationspsychologie, 51, S. 55-67. Abgerufen am 4. 08. 2022 von https://econtent.hogrefe.com/doi/abs/10.1026/0932-4089.51.2.55

Kauffeld, S. (2014). Arbeits-.Organisations- und Personalpsychologie für Bachelor (2. Aufl.). Berlin, Heidelberg: Springer.

Kauffeld, S., & Schulte, E.-M. (2019). Teams und ihre Entwicklung. In S. Kauffeld (Hrsg.), Arbeits- und Organisations- und Personalpsychologie für Bachelor (3. Aufl.) (S. 211- 236).

Klein, S. (2001). Trainingstools. 19 Methoden aus der Psychotherapie für die Anwendung im Training. Gabal.

Koschany-Rohbeck, M. (2018). Praxsishandbuch Wirtschaftsmediation: Grundlagen und Methoden zur Lösung innerbetrieblicher und zwischenbetrieblicher Konflikte (2. Aufl.). Ascheberg: Gabler.

Luckau, P. (2018). Kommunikation: Theorien, Modelle und Techniken (1. Aufl.). Riedlingen: Studienbrief der SRH Fernhochschule.

Mentzel, W. (2006). Mitarbeitergespräche: Mitarbeiter motivieren, richtig beurteilen und effektiv einsetzen (6. Aufl.). Freiburg: Haufe.

Mentzel, W., Grotzfeld, S., & Haub, C. (2010). Mitarbeitergespräche. Mitarbeiter motivieren, richtig beurteilen und effektiv einsetzen. Mitarbeiter- und Teamgespräche erfolgreich führen (9. Aufl.). Freiburg: Haufe.

Nowak, R. (2011). Transaktionsanalyse und Salutogenese. Der Einfluss transaktionsanalytischer Bildung auf Wohlbefinden und emotionale Lebensqualität. (1. Aufl.). Münster: Waxmann GmbH.

Rosner, S., & Winheller, A. (2019). Gelingende Kommunikation. Ein Leitfaden für partnerorientierte Gesprächsführung, professionelle Verhandlungsführung und lösungsfokussierte Konfliktbearbeitung (5. Aufl.). Augsburg: Rainer Hampp.

Steiner, C. (2009). Wie man Lebenspläne verändert: Die Arbeit mit Skripts in der Transaktionsanalyse (12. Aufl.) . Paderborn: Junfermann GmbH.

Weisbach, C.-R. (2001). Professionelle Gesprächsführung-ein praxisnahes Lese- und Übungsbuch. (5. überarbeitete und erweiterte Aufl.). München: Deutscher Taschenbuch Verlag.

Winkler , B., & Hofbauer, H. (2010). Das Mitarbeiterjahresgespräch als Fühungsinstrument. Handbuch für Führungskräfte und Personalverantwortliche (4. Aufl.). München: Carl Hanser.